호랑이 발자국

호랑이 발자국

손택수 시집

창비시선
222

차 례

제1부

화살나무	10
돌종	11
모기禪에 빠지다	12
옻닭	14
지렁이	16
탱자나무 울타리 속의 설법	17
강철나무	18
꽃그늘	19
오동나무 지팡이	20
붉은 거미	22
骨窟寺	24
그해 여름의 방	25
나의 팔만대장경	26
소가죽북	28
지장	29
아버지의 등을 밀며	30
아버지와 느티나무	32

제2부

놋물고기 뱃속	36
서쪽, 낡은 자전거가 있는 바다	38

墨竹	40
저문 들판이 새들을 불러모은다	41
버려진 집 속에 거울조각이 있다	42
강이 휘어진다	43
외딴 산 등불 하나	44
斷指	45
감꽃	46
쌍계사 되새떼	48
빙어가 오를 때	49

제3부

집	52
물푸레나무 코뚜레	53
청도의 봄 혹은 소싸움	54
외할머니의 숟가락	55
쇠똥구리는 다 어디로 갔을까	56
감나무 낚시에 관하여	58
대추나무 신랑	60
할아버지의 송곳니	62
닭과 어머니와 나	64
송장뼈 이야기	66
은행나무 사리알	69

腸으로 생각한다 70
호랑이 발자국 72
다람쥐야, 쳇바퀴를 돌려라 74
장욱진 75
당나귀는 시를 쓴다 76
李聖善 78

제4부

방어진 해녀 80
물새 발자국 따라가다 82
바다를 질주하는 폐타이어 83
서해는 사막을 기른다 84
새들은 모래주머니를 품고 난다 85
폭포 86
술통 87
범일동 블루스 88
곡비 91
버드나무 강변에서의 악수 92
삼월 94
十月, 내 몸속엔 열 개의 달이 뜬다 96
페치카 공사 98
통도사 빗소리 99

월내역	100
해설	102
시인의 말	114

제1부

화살나무

언뜻 내민 촉들은 바깥을 향해
기세 좋게 뻗어가고 있는 것 같지만
실은 제 살을 관통하여, 자신을 명중시키기 위해
일사불란하게 모여들고 있는 가지들

자신의 몸 속에 과녁을 갖고 산다
살아갈수록 중심으로부터 점점 더
멀어지는 동심원, 나이테를 품고 산다
가장 먼 목표물은 언제나 내 안에 있었으니

어디로도 날아가지 못하는, 시윗줄처럼
팽팽하게 당겨진 산길 위에서

돌종

돌 쪼는 소리 쩡 쩡
여름 한낮 나른한 대기를 흔든다
뭘 만드느냐 물으니
석수장이, 돌종을 만든단다
큰절 부방장 스님 석종 부도를 만든단다
그러고 보니 돌은 반쯤 종신 모양을 하고 있다
저 돌종이 다 완성되면
종은 이제 다시는 울지 못하는
버버리 종이 되겠구나
그래, 버버리 종으로 굳어지기 전에
석수장이 내려치는 정 끝에서
저렇게 얼얼하게 아파 실컷 울고 있는 모양이구나
울음 뚝 그친 돌 속으로 들어가서
어떤 중이 돌종이 될는지
엉덩이 묵직한 돌종으로 깊디깊은 참선에 빠져들는지
돌은 벌써 반쯤 문 딱 걸어잠근
침묵이다 챙 챙
불꽃 튀기는 침묵으로
남은 울음을 마저 쪼아내고 있다

모기禪에 빠지다

竹扉
 열대야다 바람 한점 들어올 창문도 없이 오후 내내 달궈놓은 옥탑방 허리를 잔뜩 구부러트리는 낮은 천장 아래 속옷이 후줄근하게 젖어 졸다 찰싹, 정신을 차린다 축축 늘어져가는 정신에 얼음송곳처럼 따끔 침을 놓고 간 모기

不立文字
 지난밤 읽다 만 책장을 펼쳐보니 모기 한 마리 납작하게 눌려 죽어 있다 이 뭣꼬, 후 불어냈지만 책장에 착 달라붙어서 좀처럼 떨어지지 않는다 체액을 터트려서 활자와 활자 사이에 박혀 있는 모기, 너도 문자에 눈이 멀었더냐 책장이 덮이는 줄도 모르고 용맹정진 문자에 눈먼 자의 최후를 그렇게 몸소 보여주는 것이냐 책 속의 활자들이 이 뭣꼬, 모기 눈을 뜨고 앵앵거린다

香
 꼬리부터 머리까지 무엇이 되고 싶으냐 짙푸른 독을

품고 치잉칭 또아리 튼 몸을 토막토막 아침이면 떨어져 누운 모기와 함께 쓰레받기 속에 재가 되어 쓸려나가는 뱀암의 허물

銀山鐵壁
찬바람이 불면서 기력이 다했는가 은빛 날개 날쌘 몸놀림이 슬로우모션으로 잔바람 한 줄에도 휘청거린다 싶더니, 조금 성가시다 싶으면 그 울음소리 엄지와 집게만을 가지고도 능히 끌 수 있다 싶더니, 갈수록 희미해져가는 울음소리, 사라진 그쯤에서 잊고 살던 시계 초침소리가 들려온다 보일러 돌아가는 소리, 화장실 물 내려가는 소리, 간간이 앓아 누우신 아버지의 밭은기침 소리도 계단을 타고 올라온다 저 많은 소리들을 저 혼자서 감당하고 있었다니

옻닭

1

그늘만 스쳐도 살갗에 소르르 소름이 돋는다
해마다 한번씩 자신을 스쳐간 폭염과 홍수
팔을 뚝뚝 부러뜨리던 폭설의 기억을 비벼 꼬아
제 속을 치잉칭 결박하는 나무
속을 쥐어짜 잎잎이 푸르디푸른 신음을 뱉어낸다
허나 독기라면 닭도 지지 않는다
한평생을 옥살이로 보내온 그가 아닌가
톱날처럼 뾰족하게 튀어나온 벼슬과 부리,
쇠창살 사이로 모가지만 간신히 빼내어
댕강 참수를 당하는 그 순간까지
제것이 아닌 몸뚱이를 키우며 살아온 그가 아닌가
지독에 이른 동물과 식물이
한몸이 되기 위해 부글부글 끓고 있다

2

독기라면 나도 지지 않는다

나를 무심코 집어삼킨 세상에
우툴투툴한 옻독을 옮기리라
뚝배기 그릇 속에 코를 쥐어박고
아버지와 함께 옻닭을 먹는다
두 편에 오만원 어쩌다 받은 원고료로
삼십년 지게꾼살이 주식으로 삼아온
술담배에 속을 상한 당신
술담배보단 서른이 넘도록 빈둥대는 아들놈 때문에 더
얼굴이 까맣게 타들어가는 당신
알코올과 니코틴의 독성, 갈수록 짐만 되는 아들놈의
독성
옻이 올라 얼굴이 벌겋게 닳아오르도록
목구멍까지 차오른 가려움을 꾸욱 눌러 참는다
독을 우려낸 진국 한 그릇을 뚝딱 비워 삼킨다

지렁이

잠깐 스쳐가는 소낙비인 줄 알았다면
이렇게 아스팔트가 녹아나는 도로변까지
나오지는 않았을 것 아닌가
너는 어쩔 수 없는 미물이다, 생각하는 순간
지렁이 한 마리 밟지도 않았는데 꿈틀한다
언젠가 불에 데인 흉터처럼, 열이 많은
내 몸을 아스팔트 바다 삼아 기고 있는 흉터처럼
속살까지 뜨겁게 달아오른 무리들,
제 안의 남은 수분 속에
한여름의 열기를 다 빨아들일 듯
끝없이 말라비틀어져가는 무리들
한방에선 해열제로 쓴다고 했던가
열 먹고 죽어 열을 푸는 약이 된다고 했던가
이열치열 지극히 뜨거워져서 아픈 몸을 서늘하게 식
히는 것
어디 그것이 한방에서만의 일이겠는가마는
마디마디 몸을 지지며 염천을 향해 기어간다
회초리자국 같은 붉은 화상자국이 꿈틀꿈틀
내 앞의 길을 쓰라리게 휘감고 있다

탱자나무 울타리 속의 설법

가시 끝에 탱글탱글 빗방울이 열렸다
나무는 빗방울 속에 들어가
물장구치며 노는 햇살과 구름,
터질 것처럼 부풀어오른 새울음 소리까지를
고동 속처럼 알뜰히 빼어 먹는다

가시 끝에 맺힌 빗방울들,
가슴 깊이 가시를 물고 떨고 있다

살속을 파고든 비수를 품고
둥그레진다는 것, 그건
욱신거리는 상처를 머금고 사는 일이다
입술을 꾹 깨물고 상처 속으로 들어가 한몸이 되는
일이다

열매들은 모두 빗방울을 닮아 둥그레질 것이다
빗방울의 아픔을 궁굴려 탱탱한 탱자알이 될 것이다

바람이 불자, 내 어둔 이마 위로
빗방울 하나가 고동껍질처럼 떼구루루 떨어져내렸다

강철나무

목구멍에 가시가 박혔다,
생선 횟점 같은 꽃잎과
치밀어올라오는 위액처럼
쓰리디쓰린 수액, 속을 욱신욱신 들쑤시니
욱 하고 푸른 잎이 쏟아져나온다
무쇠철망을 칼처럼 쓰고
지주목에 감아두었던 철사줄이
속살 속으로 깊이 파고들면서
철사줄을 나이테처럼 칭칭 감고 있는 가로수
차라리 쓰러져라, 쓰러져라
밑동을 켜며 우는 이파리들
날이 선 톱니를 하나하나 쓸어담는다
무엇을 박아놓았던 흔적인지
녹슨 못대가리는 힘없이 부러져나가고
꽉 짜인 목질 속에 파묻혀 있는 못,
내 욱신거리는 기억 속에선
멀어져가는 청소부의 왼쪽 소매 끝
은빛 쇠갈퀴 끝이 잠시 햇살을 튕긴다

꽃그늘

　꽃그늘 아래 구덩이가 생겼다. 구덩이 옆에 피어난 벚꽃잎은 고개를 수그린 채 하나같이 땅을 쳐다보고 있다.

　그늘 속에서 산역꾼은 털이 숭숭한 돼지비계에 막걸리를 마신다. 사내의 아내는 오늘 출산을 한다, 이 땅을 다 파야 미역줄기 고깃근이라도 사갈 수가 있다.

　꽃이 어지럽게 술잔 속으로, 구덩이 속으로 뛰어들어 온다. 꽃을 받아먹으며 파르르 떠는 술잔, 잘게 저민 살점 같은 꽃을 받아먹으며 허기를 감추고

　떡 벌린 아가리를 좀처럼 다물 줄 모르는 구덩이, 깊숙이 다시 삽을 꽂는다. 헛구역질처럼 한 삽 두 삽 퍼 올릴수록 시큰하게 허리를 꺾는, 우두둑 무릎 관절을 꺾는

　저 육중한 꽃그늘, 꽃이 거느린 구덩이, 점점이 흩날리는 구멍 속으로 어칠비칠 불콰한 해가 떨어진다.

오동나무 지팡이

　오동나무 짙은 잎그늘이 어리자 담벼락이 일렁인다
　담벼락 아래 계단이 딱딱하게 굳은 관절을 꺾었다 펴며 술렁거린다
　저 그늘 속엔 얼마 전까지 노파가 혼자서 앉아 있었다
　지팡이를 짚고 나와 해종일 우멍하게 깊은 눈구멍으로 오가는 이들을 무연히 쳐다보고 있었다
　아무런 거동도 없이 스쳐지나가는 풍경들을
　그늘 깊숙이 빨아들이고 있었다
　아마도 가끔씩 들려오는 마른기침 소리만 아니었다면
　아무도 인기척을 느끼지 못했으리라
　노파의 소매 스적이는 소리와 잎그늘
　뒤척이는 소리가 한몸이 되어 들려오던 골목길
　언젠가 나뭇잎 그늘이 가만히 어깨에 손을 얹어왔을 때
　이봐 젊은이, 손을 얹고 알아들을 수 없는 수화를 건네왔을 때
　나는 어깻죽지가 욱신거리는 통증을 느꼈는지 모른다
　빛이 감춰둔 늪 속에라도 빠져들듯 더럭 겁을 집어먹었는지 모른다

녹물을 끼얹은 나뭇잎 하나가 남은 햇살을 그러쥐고
작심한 듯이 뚝 떨어져내릴 무렵
떨어져내린 나뭇잎이 제 그늘과 바싹 붙어서
바쁘게 오가는 발길들에 바삭바삭 부서져내리고 있을 무렵
자리를 뜬 노파는 더이상 나타나지 않았고
이듬해 밑동에서 어린 가지 하나만이 쑥 올라왔다,
허리 구부정한 나무가 짚은 지팡이였다

붉은 거미

 할아버지는 돌아가시기 일년 전부터 붉은 거미가 보인다고 하였다. 붉은 거미가 천장에서 내려와 큼큼한 냄새가 나는 방안을 흰 머리카락 같은 거미줄로 가득 채워놓고 있다 하였다. 아무도 그걸 치워주지 않는다며 까까머리 어린 손주의 손목을 잡고 거미줄에 걸린 나비 날개처럼 파르르 떨리는 숨을 몰아쉬곤 하였다. 그때 삭정이 손가락이 가리킨 곳, 눈곱처럼 먼지가 끼어 있던 창문 너머론 쨍쨍한 가을 햇살이 하얗게 쏟아져내리고 있을 뿐이었는데

 이십년도 더 지나 아픈 몸으로 시골집에 내려와서 당신이 앓아 누웠던 자리에 누워 잠을 청하다보니 보인다. 여전히 눈곱이 끼어 있는 창문 너머로 사방에 거미줄을 치고 있는 태양. 햇빛에 돌돌 말려 몸속의 수액이 빨려 올라가는 소리를 가만히 듣고 있는, 듣고 있어야 하는, 붉은 거미의 줄에 걸린 생. 누구도 벗어날 수 없고 아무도 대신 걸어줄 수 없다면

나는 그때 창문에 때묻은 커튼이라도 한 장 달았어야 했다.
허공에 손을 내젓는 시늉이라도 한두번 해주었어야 했다.

骨窟寺

　토함산이 뱉어놓은 달을 함월산이 머금었다 달을 머금고 달 속의 분화구처럼 구멍 숭숭 골다공증을 앓는 골굴사

　뼛속이 시리겠다 다공을 품었으니 뼛속을 감돌며 우는 바람소리에 전나무 측백나무 서어나무 모골이 모다 송연해져선

　사내들은 앓기 힘든 병이랬나 그 병 속에 관음 지장 약사 부처가 들어서서 경 읽는 소리가 난다

　세상에 어미를 두고 온 나, 어린 스님 하나도 그 속에서 으스스 비를 긋는다

그해 여름의 방

플라스틱 화분에 금이 갔다
비좁은 껍데기를
당장에라도 뛰쳐나가고 싶어
뒤틀리고 비틀어진 뿌리들
흙을 움켜쥔 채 벽을 밀다가
벽을 힘껏 밀어보다가
숨이 막힐 만큼
몸을 움츠리고 한데
엉켜 있는 뿌리들
분을 갈아줘야 하는데
온몸에 쩍, 쩍 주름이 간
어머니가 말했다
이대로 그냥 견뎌요
화분 살 돈이 어딨어요
그해 여름이 다 가도록
몸을 빡빡하게 죄어오는
후끈거리는 방속에 틀어박혀
암수 한몸 달팽이처럼
누이들과 나는 사춘기를 막 지나고 있었다

나의 팔만대장경

  어머니 오늘도 사경을 한다. 금강경 반야심경 부모은중경 도대체가 알아먹을 수 없는 난해한 문자들을 또박또박 연필심이 부러져라 잔뜩 힘 모두고 쓴다. 경은 베껴서 뭐에 쓰시려나. 십수년째 그저 부처님 앞에 공양드리곤 불태워버리고 마는 것을. 화염무늬 한줌 재로 뿌려지고 마는 것을. 시큰둥 쳐다보면 이마에 땀방울까지 송글하게 맺혀 있다. 긋는 순서를 몰라 괴발개발 글자를 처음 익히는 아이처럼 뜻도 모를 문자를 비다듬고 어루만지는 어머니, 한 획 한 획 이어져간 문자 속은 도통 알 수가 없다. 그 알 수 없는 뜻을 바람이 알아보는 건 참 신통한 일. 한 달에 한번씩 들르는 지리산 법계사나 남해 보리암 어느 비탈진 기슭을 거닐던 바람이 읽고 지워버리는 건 참 기특한 일. 몇 개월 공력을 단 한 순간에 불태워버리고서, 새떼처럼 풀어져서 흩날리는 경전, 필경은 그 재를 따라가고 싶으신가. 어머니 새벽이면 향을 사르신다. 뿌리까지 캄캄하게 타들어가서 아슬아슬한 가계를 떠받들고 뿔뿔이 흩어질 것들을 한데 끌어모은 채 숨죽인 잿기둥, 단 한줄도 베껴쓰지 못한 나의 팔만대장경. 초등학교 근처에도 못 가본 실력으로, 오직 그 지극함으로, 땀구슬을 염주알처럼 또록또록 굴리고 있다.

소가죽북

소는 죽어서도 매를 맞는다
살아서 맞던 채찍 대신 북채를 맞는다
살가죽만 남아 북이 된 소의
울음소리, 맞으면 맞을수록 신명을 더한다

노름꾼 아버지의 발길질 아래
피할 생각도 없이 주저앉아 울던
어머니가 그랬다
병든 사내를 버리지 못하고
버드나무처럼 쥐여뜯긴
머리를 풀어헤치고 흐느끼던 울음에도
저런 청승맞은 가락이 실려 있었다

채식주의자의 질기디질긴 습성대로
죽어서도 여물여물
살가죽에 와닿는 아픔을 되새기며
둥 둥 둥 둥 지친 북채를 끌어당긴다
끌어당겨 연신 제 몸을 친다

지장

도서관 책을 읽다 보니 누르스름한 지문이 보인다
체액과 손에 묻은 먼지를 인주밥 삼아 찍어놓은 지장

아들놈이 하는 짓을 늘 못마땅해하는
아버지의 지문을
언젠가 내 글이 실린 잡지에서 본 적이 있다

어린날 개학 전날 밤까지 보여드리지 못하고
안절부절못하다 펼쳐본 통지표,
시원찮은 통지표에 어느새 찍혀 있던
당신의 도장 앞에서처럼

나는 그때 얼마나 부끄러웠던 것인지, 지문이
연못물처럼 찰랑이며 번져가는 책장을 들여다본다

희미해져가는 파문을 지켜내느라고, 책장 속의 느낌표 하나가
땀방울처럼 뚝 떨어졌다
튀어오른 것 같다!

아버지의 등을 밀며

아버지는 단 한번도 아들을 데리고 목욕탕엘 가지 않았다
여덟살 무렵까지 나는 할 수 없이
누이들과 함께 어머니 손을 잡고 여탕엘 들어가야 했다
누가 물으면 어머니가 미리 일러준 대로
다섯살이라고 거짓말을 하곤 했는데
언젠가 한번은 입속에 준비해둔 다섯살 대신
일곱살이 튀어나와 곤욕을 치르기도 하였다
나이보다 실하게 여물었구나, 누가 고추를 만지기라도 하면
잔뜩 성이 나서 물속으로 텀벙 뛰어들던 목욕탕
어머니를 따라갈 수 없으리만치 커버린 뒤론
함께 와서 서로 등을 밀어주는 부자들을
은근히 부러운 눈으로 바라보곤 하였다
그때마다 혼자서 원망했고, 좀더 철이 들어서는
돈이 무서워서 목욕탕도 가지 않는 걸 거라고
아무렇게나 함부로 비난했던 아버지
등짝에 살이 시커멓게 죽은 지게자국을 본 건

당신이 쓰러지고 난 뒤의 일이다
의식을 잃고 쓰러져 병원까지 실려온 뒤의 일이다
그렇게 밀어드리고 싶었지만, 부끄러워서 차마
자식에게도 보여줄 수 없었던 등
해 지면 달 지고, 달 지면 해를 지고 걸어온 길 끝
적막하디적막한 등짝에 낙인처럼 찍혀 지워지지 않는
지게자국
아버지는 병원 욕실에 업혀 들어와서야 비로소
자식의 소원 하나를 들어주신 것이었다

아버지와 느티나무

아버지의 스무살은 흑백사진, 구겨진 흑백사진 속의 구겨진 느티나무, 둥치에 기대어 있다 무슨 노랜가를 부르고 있는지 기타를 품고, 사진 밖의 어느 먼곳을 바라보고 있는지 젖은 눈으로, 어느 누군가가 언제라도 말없이 기대어올 것처럼

한쪽으로 비스듬히 누운 느티와 함께 있다 나무는 지친 한 사람을 온전히 받아주기 위하여 그렇게 기울어간 것이나 아닌지, 쓰러질 듯 기울어가면서도 기울어가는 둥치를 끌어당기느라 뿌리를 잔뜩 긴장하고 서 있는 것이나 아닌지

그 사람들 등의 굴곡에 가장 알맞은 모습으로 기울어가기 위하여 한평생을 고단하게 쓰러져갔을 나무, 풍성한 머릿결을 바람에 비다듬고 내가 알 수 없는 노래에 수만의 귀를 쫑긋거리고 있다 구겨지고 구겨진 흑백 속에서도 그 노래 빳빳하게 살아 있다

언젠가 구겨진 선처럼 내 몸에도 깊은 주름이 패이면, 돌아갈 수 있을까 저 생생한 한 그루 아래로, 돌아가서 당신을 쏙 빼닮았다는 등허리를 아름드리 둥치에 지그시 기대어볼 수가 있을까

 처음 나무는 낯선 나를 의아해하겠지만, 한줌의 뼈를 품고 지쳐서 돌아온 나를 알아보지 못해 어리둥절해하겠지만, 구겨진 생의 실핏줄마다 새순 같은 초록물이 번지고, 몸의 박동음과 물관을 타고 오르는 은지느러미 미끄러운 물소리가 다시 눈부시게 만나는 한때

 나무는 이내 알게 될 것이다, 약간 굽은 내 등의 굴곡을 통해, 무너져가는 가계를 떠맡은 채 일찌감치 그의 곁을 떠나간 청년 하나를, 그가 꾸다 만 꿈과 슬픔까지를

 어쩌면 흑백의 저 푸른 느티나무 아래서 부를 노래 하나를 장만하기 위하여 나의 남은 생은 온전히 바쳐져

도 좋을는지 모른다 사진 안에 미처 들어오지 못한 어느 먼곳을 향하여 아버지의 스무살처럼 속절없이 나는 또 그 어느 먼곳을 글썽하게 바라보아야 하겠지만

  한줌의 뼈를 뿌려주기 위해, 좀더 멀리 보내주기 위해, 제 몸에 돋은 이파리를 쳐서 바람을 불러일으켜주는 한 그루, 바람을 몰고 잠든 가지들을 깨우며 생살 돋듯 살아나는 노래의 그늘 아래서

제2부

눈물고기 뱃속

 대청 뒤주에 눈물고기가 살았다. 배를 따면 아침 저녁 쌀을 내주던 요술쟁이, 그 신통한 재주도 바닥이 나면 머리카락 보일라 허기진 뱃속으로 꼭꼭 숨어들던 아이, 스르르 밀려드는 졸음 따라 검푸른 물소리를 끝없이 따라가곤 하였다. 장롱 속의 옷감처럼 흐느러진 해초숲과 나날이 줄어드는 어머니 보석함 속의 패물처럼 외롭게 반짝이던 조개들. 그 작은 몸속에 바다가 있는 줄은, 해저 삼만리를 꿀꺽 삼키고 있는 줄은 아무도 몰랐다. 외할머니 무릎베개를 하고 누워 나는 종종 쌀뒤주 속에서 굶어죽었다는 왕자 얘기를 듣고, 옛날 어느 어부가 고래 뱃속에서 나온 씨앗을 심었더니 왕후박나무가 되었구나, 그 나무를 베어 관을 짜면 바다의 자장가가 끝도 없이 이어진다는구나, 자장자장 잦아드는 희미한 물소리 따라 바닥 모를 수심으로 아득히 떨어져내리던 꿈속. 파다다닥 몸부림치며 깨어나면 처마 끝에 모여든 별들만이 근심어린 눈빛으로 글썽이고 있었다. 쌀밥 보리밥 놀이도 싱거워 수도꼭지 물고 늘어지던 누이들은 일찌감치 물배 부른 잠에 젖어들었고, 밥 벌러

간 어머니는 아직 오지 않았고. 눈물인가 땀물인가 끈적거리는 바닷물을 핥으며 쌀벌레처럼 웅크린 어둠속. 아가미에 녹꽃이 핀 물고기는 둘만의 무슨 비밀처럼 굳게 입을 다물고 있었다.

서쪽, 낡은 자전거가 있는 바다

 외갓집 소금창고 구석진 자리에 낡은 자전거 한 대가 있다. 군데군데 칠이 벗겨지고 녹이 슬었지만, 수리하면 쓸만하겠는걸. 아마도 나는 길 닿는 곳이면 어디든지 쌩쌩 미끄러져 다녔을 은륜의 눈부신 전성기를 생각했는지 모른다. 논둑길 밭둑길로 새참을 나르고 포플러 푸른 방둑길 따라 바다에 이르던 시절, 그는 아마도 내 이모들의 풋풋한 젊은날을 빠짐없이 지켜보았으리라. 읍내 영화관 앞에서 빵집 앞에서 참을성 있게 주인을 기다리다, 아카시아 향기 어지러운 방둑길로 푸르릉 푸르릉 바큇살마다 파도를 끼고 굴러다니기도 했을, 어쩌면 그는 열아홉 꽃된 처녀아이를 태우고 두근두근 내 아버지가 될 청년을 만나러 가기도 했으리라. 바다가 보이는 풀밭에 누워 클레멘타인, 클레멘타인, 썰물져가는 하모니카 소리에 하염없이 젖어들기도 하였으리라. 그때 풀밭과 바다는 잘 구분이 되질 않아, 멀리서 보면 그는 마치 바다에 누워 즐겨 꿈에 젖는 행복한 몽상가로 보이지는 않았을까. 첫사랑처럼 한번 익히고 나면 여간해선 잘 잊혀지질 않은 자전거, 손잡이 위의 거울

먼지를 닦아본다. 거울은 오래 전부터 그렇게 나를 품고 있었다는 눈치다. 턱없이 높은 안장 위에서 페달이 발에 잘 닿지 않는다고 툭하면 투정을 부리던 철부지 아이를, 맥빠진 앞바퀴 뒷바퀴 타이어에 바람 빵빵 밤늦도록 소금자루 같은 달을 태우고 비틀대던 방둑길을.

墨竹

습자지처럼 얇게 쌓인 숫눈 위로
소쿠리 장수 할머니가 담양 오일장을 가면

할머니가 걸어간 길만 녹아
읍내 장터까지 긴 墨竹을 친다

아침해가 나자 질척이는 먹물이
눈 속으로 스며들어 짙은 농담을 이루고

눈 속에 잠들어 있던 댓이파리
발자국들도 무리지어 얇은 종이 위로 돋아나고

어린 나는 창틀에 베껴 그린 그림 한 장 끼워놓고
싸륵싸륵 눈 녹는 소리를 듣는다

대나무 허리가 우지끈 부러지지 않을 만큼
꼭 그만큼씩만, 눈이 오는 소리를 듣는다

저문 들판이 새들을 불러모은다

추수 끝난 가을 들판이 새들을 불러모은다
까치밥은 감나무에만 있는 게 아니라
저 휑한 들판에도 있었구나
짐짓 무심히 떨궈진 벼톨 하나가,
벼톨 하나의 온기가,
가장 높이 떴던 새들까지 끌어당긴다면
궁핍한 시절이다, 새삼
불빛들 두런두런 피어나고
긴 부리 짧은 부리 젓가락질 바쁜 나그네새와 함께
콕, 콕, 콕, 조아리며 연신
언 땅을 일구는 떼까치가 있다면
나, 농부들의 그 무심함으로 잠시
저문 들판을 바라보아도 되겠다
벼이삭은 들판에만 있는 게 아니라
차디찬 저 하늘에도 있었구나
저문 하늘에 드문드문 숨어 빛나는
별들을 한동안 바라보며 살아도 되겠다

버려진 집 속에 거울조각이 있다

집을 버리면서, 거울을
두고 오는 건 차마 못할 짓이다

버려진 제 모습을 쳐다볼 수 없어
먼지를 풀썩이며 조용히 미쳐가는
집의 거울을 보라

집은 제 얼굴에 화장을 하는 대신
거울에 화장을 한다
거울에 파우더 분가루 같은
먼지를 덕지덕지 처발라
망가져가는 제 얼굴을 흐릿하게 뭉개어본다

그렇게 남은 날을 견뎌야 한다는 건,
아무래도 지나친 형벌이다

폐가는 금이 가거나, 깨어진
거울조각을 품고 있다

강이 휘어진다
江爭里

　대숲 속으로 강물이 흘러들어간다 하류에서 상류까지 마디마디 몇개의 둑을 지나온 것일까 어도도 없는 둑 너머로 은어가 뛴다 담양 댓이파리 미끈한 어족이 횟횟 허공을 가른다 가로지른 칸칸 숨가쁘게 건너뛰며 할딱거리는 강물 속으로 은어는 그냥 흘러온 것이 아니다 장애물경주 주자처럼 푸파푸파 전력을 다해 뛰어온 것이다 하류에서 상류까지 영산강 강파른 물줄기를 휘이며 매달리는 은어떼, 대숲을 타고 오른다 수문을 달아놓은 대나무 속으로 죽죽 몇개의 둑을 더 건너뛰어야 할까 추월산 굽이 돌아 가마골 등푸른 은어가 뛴다 강의 시원지 용소까지 대숲이 진저리, 진저리치며 휘어진다

외딴 산 등불 하나

저 깊은 산속에 누가 혼자 들었나
밤이면 어김없이 불이 켜진다
불을 켜고 잠들지 못하는 나를
빤히 쳐다본다

누군가의 불빛 때문에 눈을 뜨고
누군가의 불빛 때문에 외눈으로
하염없이 글썽이는 산,

그 옆에 가서 가만히 등불 하나를 내걸고
감고 있는 산의 한쪽 눈을 마저 떠주고 싶다

斷指

간밤에 못물이 얼어붙고 말 것을
너는 미리 알고 있었던 거다

못물 속에 잠긴 버들가지
손가락 하나가
얼음 속에 끼여 있다

피 한 방울 통하지 않도록
옴짝달싹 못하게 꽉 죄여 있다

손가락이 반쯤 달아나다 만
버드나무, 허연
속살을 드러낸 생가지

뭉툭해진 끝에서
뚝, 뚝, 노을이 진다

내일 모레면 입춘, 얼어터진
땅이 그걸 받아먹고 있다

감꽃

1

감꽃 핀다, 어디선가 소식 없는 사람들 편지라도 한 장 날아들 것 같다
 사람도 집도 땟국물이 흐르는 기차길 옆 오막살이
 기우고 기웠지만 어딘지 정이 헤퍼 보이는 철망을 달고
 옥수수 한줌 쌀 한줌 가난을 폭죽처럼 터뜨리던
 뻥튀기 할아버지, 잠들어 계신 언덕일까
 아지랑이 아지랑이 마술의 주문이 오르고
 햇빛에 달궈진 선로 끝 아득히 멀리서부터 기적이 울리면
 뻥 튀긴 희망에 주린 배를 달래본 적 있니, 설사를 하며 속아본 적 있니
 속을 줄 알면서도 튀밥이 튀면 허천나게 달려든 적이 있어!
 꽃이 튄다, 저만치 떨어져서 귀를 막는다
 너를 묻은 땅속 꽃씨 한줌도 성급하게 피어날까
 튀밥처럼 뻥 하고 튀어오를까, 귀청이 다 떨어지도록

치밀어오르는 그리움, 아그데 아그데 감나무 굶주린
꽃이 핀다

2

감나무 아래 들어 잠에 들고 싶다
떨어진 풋감처럼 떫디떫은 잠이라도
헤 입 벌린 채 빠져들고 싶다
나무 둥치에 탯줄처럼 새끼줄을 묶어놓고
밭일 간 어머니를 기다리는 동안
아가 울지 마라, 자꾸 울면 쐐기가 떨어진다
이파리로 다독다독, 자장가를 불러주던
乳母의 품속으로 들어가 잠들고 싶다
헤 벌린 입에 젖을 물려주기 위해
흘러내리는 젖을 입속에 넣어주기 위해
아래로 축 처져 있던 감나무 가지 아래

쌍계사 되새떼

쌍계사 대숲 속에는 되새떼가 산다지 아마
본디는 서울 근교에 모여 살다가
일족 모두 출가라도 한 듯
낮이면 강마을 탁발을 다니고
해넘이 하늘 한폭 점묘화를 그리며 돌아온대지
겨울 섬진강가에 가서 만나고 싶구나
길 위에 함부로 박힌 마침표들을 차면서, 굴리면서
돌돌 우리는 또 얼마나 작아져야 하는지
물소리 바람소리 흐르다간 맴돌다간
떠날 수밖에 없었던 추억들, 되새기며
금모래알 단단한 결정으로 날아오르고 싶구나
점점…… 점점점…… 모래밭 되새떼
날갯죽지에라도 간신히 매달려
하늘 끝으로 가뭇없이 사라졌다가
떠오르고 싶구나 총총…… 총총총……
저녁 연기 오르는 대숲 마을
네 젖은 눈동자 위에서 그렁대는 한 무리 저 별자리처럼

빙어가 오를 때

 빙어가 오를 때, 톡 쏘는 맛 채 가시잖은 바람을 뚫고, 시리도록 투명한 산란기의 빙어들이 한사코 강을 거슬러오를 때, 짱짱한 풀잎 하나 층층 눈을 뚫고 피어나듯, 저수지의 평온을 뒤로 한 채 꼬나보는 살얼음을 휘딱, 휘딱, 쓰라린 배때기로 뛰어넘는, 순리란 더러 순리를 온몸으로 거역하는 것인가 물 흐르는 대로 살 줄 알라는 높으신 말씀도 좋지만, 아무래도 우리는 날것으로, 온전한 날것으로, 정맥줄을 타고 심장까지 거꾸로 쳐올라와서 순환하는 핏물, 봄을 역류하는 결빙의 정신, 빙어가 오를 때, 산란기의 알집처럼 송아리 송아리 산수유 꽃멍울이 한껏 부풀어오를 때

제3부

집

 알껍질을 뜯어먹는다 방금 나온 애벌레가 껍질을 깨고 나오자마자 놀라운 식욕으로, 그동안 나를 품어주었으니 이제는 내가 너를 품어주마, 뛰쳐나온 집을 하나도 빠짐없이 오물오물 뜯어먹는다 애벌레의 몸속으로 통째로 들어간 집, 애벌레의 몸속으로 스며들어 곰실곰실 기어다니다가 더듬이를 쭉 내밀어보고, 양 날개를 활짝 펴보는 집, 알집 속에 수많은 새끼집을 짓고 눈을 감으리라 그렇게 집이 나의 양식이 되고, 나는 집의 처소가 되어 살다 가리라

 무얼 잘못 먹었는지 생똥을 싸고 자꾸 헛구역질을 한다 녹화해둔 「환경 스페셜」 비디오 테이프도 다 돌아가고 차디찬 꽃무늬 장판바닥에 누워 나비잠을 청해보는 하루, 어쩐지 벗어논 허물처럼 집이 헐렁하다

물푸레나무 코뚜레

 가지 하나가 휘어져서 땅거죽을 찌르고 들어와 뿌리를 내렸다
 예사로만 보아오던 조무래기 새떼며
 눈비의 무게가 고스란히 느껴진다
 꽃을 탐하느라 고집스레 가지를 끌어내리던
 어스럭송아지하며

 원을 그리며 흐르는 차디찬 물소리, 환한 달이 떴다
 소를 잡고 난 뒤에 집안에 코뚜레를 걸어두면
 복이 들어온다 했던가 한평생
 소를 몰던 할아버진 땅속으로 돌아가고

 이랴, 이랴 땅의 콧김을 받아 반들반들 윤이 나는 나뭇가지
 휘문이한 몸을 코뚜레 삼고, 한쪽 끝을
 놓칠까봐 팽팽하게 조바심하고 있다

청도의 봄 혹은 소싸움

봄은
몸 위에
두 개의 뿔이 돋은 소다

머리를 맞대고 퉁방울눈을 부라리며
황톳빛 잔등에서 아지랑이 더운 김이 스멀거리도록
뾰족하게 깎은 뿔을 부딪힐 때마다 나는 마찰음이
챙, 챙, 불똥을 튀긴다

봄은 쟁기로 겨우내 굳은 땅거죽을 갈아엎듯,
제 살거죽을 찌르며 뚫고 나오는 아픔
아픔으로 살진 몸 위에
돋아난 두 개의 뿔들을 휘두른다

씩씩거리는 소울음 소리를 내며
모래판을 마구 헤집고 다닌다

외할머니의 숟가락

외갓집은 찾아오는 이는 누구나
숟가락부터 우선 쥐여주고 본다
집에 사람이 있을 때도 그렇지만
사람이 없을 때도, 집을 찾아온 이는 누구나
밥부터 먼저 먹이고 봐야 한다는 게
고집 센 외할머니의 신조다
외할머니는 그래서 대문을 잠글 때 아직도 숟가락을 쓰는가
자물쇠 대신 숟가락을 꽂고 마실을 가는가
들은 바는 없지만, 그 지엄하신 신조대로라면
변변찮은 살림살이에도 집이라는 것은
누구에게나 한 그릇의 따순 공기밥이어야 한다
그것도 꾹꾹 눌러 퍼담은 고봉밥이어야 한다
빈털터리가 되어 십년 만에 찾은 외갓집
상보처럼 덮여 있는 양철대문 앞에 서니
시장기부터 먼저 몰려온다 나도
먼길 오시느라 얼마나 출출하겠는가
마실간 주인 대신 집이
쥐여주는 숟가락을 들고 문을 딴다

쇠똥구리는 다 어디로 갔을까

똥장군 지고 밭일 가시던
우리 할아버지 때는
밭에 뿌린 씨앗들은 모두
쇠똥구리 애벌레였다

라면과 햄버거 방부제만 잔뜩 먹은 채
썩지도 못하고 거름도 못되는 똥
그야말로 똥이 돼버린
요즘 시세와는 달리

쇠똥을 굴려 애벌레를 놓고
쇠똥을 속 뜨신 알로 만들고
쇠똥 속을 야금야금
알껍질을 깨고 나오는

배추, 고추, 상추, 푸성귀밭의
식물과 곤충이란 것들이
예전엔 그렇게 다들 한통속이었다

그걸 먹고 사는 사람도 순하디순한 소처럼
철퍼덕, 철퍼덕, 차진 똥을 누며
식물과 곤충과 혈연으로 두루
일가를 이루었다

우리의 대가족제도란 필시
그걸 두고 하는 말이었을 것이니
마당귀에 두엄자리를 만들고
지린 오줌 한 방울도 아무데나 흘리지 않던
쇠똥구리들, 똥장군 지고
밭일 가시던 우리 할아버지 때는.

감나무 낚시에 관하여

낚시를 끔찍이도 좋아하신 고향집 강태공 할아버지는 입신의 경지에 올랐다는 풍문이 무색치 않게 감나무 농사도 영판 낚시처럼 하였다. 늘 월척을 좇는 이들을 위해서 아래에 그 소상한 비법을 전한다.

텃밭에 우선은 감나무 몇 그루 심어놓는다
고샅으로 드리워진 줄기,
슬쩍슬쩍 당길 수 있도록
이왕이면 흙담 곁에 바싹 붙게 한다
그러고는 느긋이 기다리는 것이다
(기다림이야말로 최상의 미끼!)
감꽃 따먹다 심심한 아이들,
덥석 땡감을 채가도록
찾는 이 하나 없이 늘그막에 혼자 되신 당신
손맛이 영 당기지 않는다는 듯
통 감이 오지 않는다는 듯
잦은 입질에도 나몰라라
그렇게 마냥 딴청만 부린다
그러다가 슬그머니 가을도 깊으면
옳다구나 제꺽 낚아올리는 것이다

홍시 따먹다 줄줄이 떨감이 된 아이들,
벌 삼아서 냉큼 감을 따게 하는 것이다
가지 위에서 장대를 들고 대롱대롱
야속이야 좀 하겠지만,
시큰둥 골이 나서 있기도 하겠지만
시시콜콜 까치밥 참견도 잊지 않으면서
해거름엔 고스란히 나누어준다
한아름 가득 잘 익은 노을을 품고
볼 붉힌 하늘처럼, 가슴 깊이 감물이 들도록
언제 올지 모를 이듬해 풍어를 기약하는 것이다

대추나무 신랑

햇볕에 잘 익은 사내아이의 불알
빨갛고 탱탱한 대추가 주렁주렁하다
여든 가깝도록 친손주를 보지 못한 외가댁
고목은 예전처럼 올해도
씨알 굵은 외손주 하나를 장가보냈을까
촉촉이 젖은 그늘 속에 불쑥 꼬마신랑 잠지를 꺼내놓고
자라야, 자라야, 고개를 내놓아라
안 내놓으면 구워먹고 말겠다
가랑이가 더 잘 벌어지라고
가지 사이에 옹골찬 돌멩이도 하나 끼워주고
물오른 나뭇가지 하얀 속살에 살살 문질러주며
청상의 이모들은 남의 신혼방을 훔쳐보듯
풋, 풋, 풋, 풋대추이파리처럼 마냥 하늘거렸을까
차르르 탬버린 소리를 내는 햇살 아래
동정을 바친 나의 신부, 한 그루는
이십수년 전 이심전심이 되어서
밤마실을 와서 자고 가던 이웃 할머니들처럼
박복한 신세타령으로 궁시렁 궁시렁거리다가

아가 네가 내 서방이로구나, 새신랑이로구나
서로 품고 자겠다고 다투며 깨득거리다가
한정없이 꺼져들어가던 품속
그 애진 품속처럼, 빨면은 송아리 송아리
하얀 꽃잎이 비릿하게 맺힐 것도 같고

할아버지의 송곳니

돌아가신 할아버지와 내가 닮은 점은 딱 한가지다
기억대로라면 유난히 발달한 송곳니가
웃을 때면 입 밖으로 살짝 드러나곤 한다는 것이다
송곳니는 고깃점을 찢기 위해 발달한 육식성 동물의 유산
그 송곳니로 어울리지 않게 내가 시를 쓰고 있다면
그 송곳니로 할아버지는 농사를 지었다
밭을 갈아엎고 논을 갈아엎으시며 한 생을 마감하셨다
이놈의 농사 너희는 더 짓지 마라
유언처럼 남기고 돌아가셨다는 할아버지, 무덤은 논가에 있었는데
물방실 물방실 벼톨들이 고른 잇바디처럼 돋아나는
물방실이 기름진 논가에 있었는데
이장날 그 송곳니 하나가 아직 흙속에 박혀 있었단다
흙을 무슨 고깃점처럼 물고 떨어지질 않았단다
저녁 밥상 앞에서 아버지의 말씀을 들으며 나는
거름냄새와 소죽냄새가 한시도 가시질 않던
당신께선 죽어서도 농군이 되신 게 아닐까

쌓여만 가는 농협 빚에 이를 갈다가도
새벽이면 어김없이 삽을 들고 들일을 나가셨듯이
단단한 송곳니로 얼어붙은 땅을 갈며
흙부스기 몸에 농사를 짓고 계셨던 게 아닐까
생각해본다 우렁이 한 마리 거머리 한 마리 살지 않는 땅
논가에 들어선 가든과 러브호텔, 주유소를 두르고
읍내 다방레지 차 배달을 시켜 새참을 대신하는 사람들 곁에서
할아버지의 송곳니는 뿌드득뿌드득 잘 벼린 보습날처럼
죽어서도 썩지도 못하고 날이 서 있었던 게 아닐까,
생각하다 문득 잘코사니 혀를 깨물고 만다

닭과 어머니와 나

아이를 처음 가졌을 때 어머니는 유난히 입덧이 심했단다
어느날은 뜬금없이 홍어가 먹고 싶었는데
두엄더미 속에서 푹 곰삭은 홍어회를
오도독오도독 씹어먹고 싶은 마음에 안달이 다 났는데
아기가 홍어처럼 납작해지기라도 할까봐 엄두를 내지 못했단다
또 어느날은 낙지와 해삼 생각이 간절해서 장터를 돌아다니다가
「규합총서」니 「부인필지」니에 적힌 그대로
뼈 없는 아기라도 낳을까 저어해서 그냥 돌아왔단다
너희 할아버지 큰 맘 먹고 잡은 씨암탉만 입에 대지 않았어도
네 속살이 이렇게 소름돋은 닭살이 되지는 않았을 터인데,
그걸 참지 못한 자신을 가끔씩 탓하시는 어머니
그런 어머니가 나는 안쓰럽고, 평소에 그건 미신에 지나지 않는다면서도

결혼을 앞두곤 은근히 귀담아듣는 누이가 또 측은해지는데
지켜야 할 금기가 모두 사라지고
금기란 금기는 모두 깨어지기 위해서만 존재한다고 믿으면서
어떤 금기는 더없이 신성하기만 한 것일까
아기가 든 자신의 몸을 신전으로 여겼던 어머니들
신전 속의 아기를 위해 감수했던 금욕의 길은 부당하지만
그때 어머니의 뱃속은 요술궁전 같은 곳이었구나
말하자면 내가 홍어나 낙지, 해삼 비슷한 것이 될 수도 있었을 텐데
그때 어머니는 첫손주 맞을 마음에 하루하루가 다 고소해서
할아버지께서 손수 고아온 닭고기를 먹길 그나마 참 잘했구나
그런 생각이 태아적 유난했던 내 식성처럼 문득문득 되살아나곤 하는 것이다

송장뼈 이야기

 부스럼딱지처럼 끈덕지게 붙어 있던 파리떼, 파리떼가 슬어놓고 간 알들이 머리 속을 스멀스멀 기어다니고 있다는 생각으로 가려움을 참을 수 없던 어느날의 일입니다. 머리가 썩고 있는 게로구나, 이 어린것의 머리 속에 대체 무슨 삿된 생각이 들었담. 고약 냄새가 고약하게 나는 할머니 말에 무슨 큰 죄라도 지은 심정으로 나는 되도록이면 아무런 생각도 하지 않으려고 애를 쓰고 있었습니다. 아무런 생각도 하지 않으려는 골똘한 생각 하나도 썩어서 꾸역꾸역 진물을 뱉어내는 것은 아닌지 어지간히 끌탕을 태우고 있었습니다. 그때 화성군 어디 공사장을 떠돌던 아버지가 돌아왔던 것인데, 나는 속으로 아버지가 머리를 쓰다듬기라도 하면 어떡하나 지레 겁을 먹고 저만치 떨어져 있었던 것인데, 뒤에 안 일이지만 아버지의 다른 한 손엔 밀어낸 공동묘지 터에서 주워왔다는 송장뼈가 들려 있었답니다. 무슨 생각에선지 할머닌 그 뼈를 곱게 빻아 머리 위에 골고루 뿌려주었고, 뿌려주며 무슨 주문 같은 것을 무당처럼 주워섬겼고…… 송장님네 송장님네 우리 아그 머리 속에 들어가서 부스럼 악귀를 몰아내주시구랴 멀리멀리 몰아내주시구랴 우리 아그 머리 속에 들어가서 한평생을 더 살다 가시구랴…… 그렇게 머리 위에 뿌려지던 뼛가루를 나는 또 무슨 구운 소금가루나 찹쌀가루 쯤으로만 알고 있었던 것인데, 신기하게도 몇년을 끌던 고질병이 감쪽같이 낫게 되었습니다. 이 소문이 퍼져서 같은 병을 앓던 마을 아이들 몇이 더 병마에서 놓여날 수 있게 되었습니다. 그후로 내 안으로 들어온 송장뼈와 함께 나는 별탈없이 잘 살고 있습니다. 내 안에 누군가 다른 이가 들어와 산다는 생각을 하면 몸가짐이 여간 조심스러운 게 아닌데, 요즘도 가끔씩 송장뼈 이야기가 나오면 숫제 무슨 만병통치약이라도 되는 것처럼 아버지는 자신도 머지않아 송장뼈가 될 거라 하고, 송장뼈가 될 테니 잘 빻아서 두루두루 약으로 쓰라 하시고, 어머니는 노망든 소리라고 타박만 하십니다. 누이들은 어째 소름이 돋는다며 제 곁엔 얼씬도 않습니다. 하지만 이 세상이 썩어서 아주 절단이 나지 않는 것은 아마도 그런 송장뼈들 때문이 아닐까, 뼛가루가 되어 진물이 줄

줄 흘러내리는 세상의 썩은 머리 속으로 한 됫박의 소금처럼 뿌려지는 송장뼈들 때문이 아닐까, 가려움 싹 가신 생각 하나가 문득 떠오릅니다. 오늘도 죽지 않고 대대로 구전하는 송장뼈 이야기, 죽어서 명약이 된 그런 거짓말 같은 이야기를 가보로 품고 사는 나는 한 기의 무덤인 셈입니다. 살아 파릇파릇한 무덤인 셈입니다.

은행나무 사리알

 아랫배에 끙 힘을 주고 밀어낸 열매들이 온 천지를 잘 익은 된장냄새 황금빛으로 물들여준다 동제가 있을 때면 한 상 걸게 차려놓고 밥을 먹던 은행나무 고목

 사리알이 별것이간디, 언젠가 수덕사 성보박물관에서 본 滿空 스님 바리때도 저 은행나무 재목이었다 포개진 그릇마다 은행나무 가지 사이에나 들어와 있을 법한 만공이 가득 차 있었다

 스님도 한 그루 은행나무로 살다 간 것이 아닐까 아픈 몸속에 들어와 입적한 목숨들을 품고 잘 익은 똥내음, 사리알 맺는 일에 한평생을 보내고 간 것이 아닐까

 은행나무 더부룩한 아랫배가 다 개운하다는 듯 가볍게 몸을 흔든다 앗따 뭘 퍼먹었길래 이렇게 독한고, 똥 푸러 온 인부처럼 코를 쥐고 마을 사람들이 푸지게 퍼질러놓은 알들을 줍는다

腸으로 생각한다

고향에 가면 신기하게 설사가 멎는다
귀성길 꽉 막힌 도로가 뚫리듯 속이 개운해진다
장에 있던 신경세포가 진화해서
뇌가 되었다는 가설을 믿고 싶어지는 순간이다
뇌가 아닌 장으로 생각하고 싶어지는 순간이다
내 장세포들이 정말 귀향한 걸 알고 있을까
온갖 염증에 시달리는 장세포들이 고향의 기억을 갖고 있을까
외양간 옆 땅속에 파묻은 항아리 위에
널빤지 두 장 달랑 걸쳐놓은 변소간에 앉아 있으려면
외양간의 소들이 여물 씹는 소리
송아지들이 어미의 젖을 쪽, 쪽, 달디달게 빨고 있는 소리
뒤란에서 시원하게 엉덩이를 닦아주고 가는 댓바람 소리가 들려온다
처마끝으로 굵은 별똥들이 뚝뚝 떨어져내리면
땅속에 파묻어논 항아리처럼 별똥을 받아먹는 저 산과 들판

사람이 제 똥 먹지 않고 삼년을 살면 병들어 죽기 십상이다
　아득히 멀리서 들려오는 상할머님 말씀
　일년에 한두번 기를 쓰고 고향에 가는 건
　생각하기 위해서이다 장 없인 생각하지 않기 위해서이다
　낯선 나를 경계하던 누렁이나 때까우가 다가와선
　마침 저들과 같은 일을 치르고 있는 나를 보고
　적이 안심하는 눈길로 바라보는 때도 바로 이때다

호랑이 발자국

가령 그런 사람이 있다고 치자
해마다 눈이 내리면 호랑이 발자국과
모양새가 똑같은 신발에 장갑을 끼고
폭설이 내린 강원도 산간지대 어디를
엉금엉금 돌아다니는 사람이 있다고 치자
눈 그친 눈길을 얼마쯤 어슬렁거리다가
다시 눈이 내리는 곳 그쯤에서 행적을 감춘
사람인 것도 같고 사람 아닌 것도 같은
그런 사람이 있다고 치자 그래서
남한에서 멸종한 것으로 알려진
호랑이가 나타났다, 호랑이가 나타났다
호들갑을 떨며 사람들이 몰려가고
호랑이 발자국 기사가 점점이 찍힌
일간지가 가정마다 배달되고
금강산에서 왔을까, 아니 백두산일 거야
호사가들의 입에 곶감처럼 오르내리면서
호랑이에게 물려가도 정신만 차리면 된다는
호랑이를 잡으려면 호랑이 굴에 들어가야 한다는

속담이 복고풍 유행처럼 번져간다고 치자
아무도 증명할 수 없지만, 오히려 증명할 수 없어서
과연 영험한 짐승은 뭐가 달라도 다른 게로군
해마다 번연히 실패할 줄 알면서도
가슴속에 호랑이 발자국 본을 떠오는 이들이
줄을 잇는다고 치자 눈과 함께 왔다
눈과 함께 사라지는, 가령
호랑이 발자국 같은 그런 사람이

다람쥐야, 쳇바퀴를 돌려라

다람쥐의 건망증은 참으로 위대하다
다람쥐가 땅속에 묻어놓고 잊어버린
도토리들이 자라서 상수리나무가 되었다면
상수리나무가 이룬 숲과
숲이 불러들인 새울음 소리,
모두가 다 다람쥐의 건망증 덕분이 아닌가
한겨울 눈이라도 내리면
파묻어논 양식을 도무지 찾지 못해
부르튼 두 손을 부비며 떨고 있었을 다람쥐
그 차디찬 시장기에 가슴 한쪽이 찌르르 아파오긴 하지만
다람쥐의 건망증 때문에 세상은
그나마 간신히 돌아가고 있는 것은 아닌가
양볼이 뽈통하게 튀어나오도록 양식을 거두고
언젠가 고 작은 손이 부르트도록
땅속 깊이 심어놓은 한 톨 위에 올라가 무심히
뛰어놀고 있는 다람쥐,
제가 본 세상을 온전히 기억하고 싶어
자신의 기억 한쪽을 애써 지워버렸나보다

장욱진

그림을 그리기 싫은 날입니다
할아버지는 산으로 향한 창문을 열어놓고
늘어지게 낮잠이 들었습니다
그 사이 조막만한 꼬마 참새가 날아들어
할아버지의 무구한 낮잠처럼 펼쳐진
화폭 위로 날아들어, 발바닥에
색색의 물감을 묻히고 돌아다닙니다
그림은 자고로 요렇게 그리는 거라는 듯
오늘은 내 친히 한 수 가르침을 주고 가겠다는 듯
종알종알 새발자국이 새순처럼 돋아납니다
신이 나서 방바닥과 벽, 천장까지 돋아납니다
하기사 날개 가진 놈에게
화폭 아닌 것이 어디 있겠습니까마는
화폭처럼 비어 있지 않은 것이 또 어디 있겠습니까마는
맹랑한 그 새, 날랜 붓놀림이 참 여간 아닙니다

당나귀는 시를 쓴다

 옛 시인들에 의하면 시를 떠올리기 가장 좋은 때는 당나귀 잔등에 있을 때이다 느릿느릿한 당나귀 잔등을 올라타고 당나귀가 주는 리듬에 송두리째 자신을 떠맡기고 있을 때이다 취옹 구양수가 『귀전록(歸田錄)』에서 한 얘기, 시와 당나귀의 잔등에 관한 한 동서고금은 이렇다 할 뚜렷한 차이가 없다 어쩌다 당나귀 잔등이 조랑말 잔등으로 살짝 바뀌어 있다는 정도 (프로스트의 「눈 내리는 밤 숲가에 멈춰 서서」와 고은의 「乙琵素」에 나오는 조랑말이 그들) 하지만 시에 관한 한 고래로 당나귀만한 짐승이 어디 있겠는가 낮은 언덕길을 까딱까딱 졸며 가는 낮달처럼 혹은 잔파도 위에 목선을 띄워놓은 강태공처럼 술병이라도 들고 이리저리 건들거리면서 가다보면, 당나귀는 어느 순간 제사날로 멈칫 한다 그 큰 귀를 위성안테나처럼 세워 주인이 듣지 못하는 소리를 용케 알아듣고 졸고 있는 주인을 흔들어 깨운다 고삐를 쥔 주인의 의사와는 상관없이 코를 실룩실룩 사방의 기운을 몸속 깊이 빨아들여 콧김을 푹푹 뿜어대거나 부르르 떠는 잔등을 통하여 주인에게 전해주곤 한다 그때 졸고 있던 시인이 눈을 부비고 깨어나 시를 읊었다면, 그건 시인의 시인가 당나귀가 쓴 시인가 아님 둘의 합작인가 아무려나 이 영험한 짐승은 그러고는 눈치껏 아무 일도 없었다는 듯이 제 길을 찾아가는 것이다 길은 내가 갈 테니 퇴고까지 마무리나 잘 하라고 딸랑딸랑 방울소리에 운을 맞춰 느긋이 제 길을 걸어가는 것이다 (당나귀는 온몸으로 시적이다 이런 시적인 짐승이 과연 어디 있겠는가) 그러니 시인들이 당나귀를 편애하는 걸 너무 나무라진 말자 지금이 어떤 세상인데 세상 물정 몰라도 너무 모른다고, 몇 천년 타고 다니던 당나귀 고집을 닮아 한사코 당나귀 잔등에서 내려오지 않는 걸 두고 타박하려 들진 말자 세상이 두 쪽이 나지 않는 한 당나귀 잔등에서 그들을 끄집어내릴 수 있는 건 당나귀밖엔 없을 테니까 한번씩 뭐가 마음에 들지 않는지, 아이쿠나 정신이 번쩍 들게끔 주인을 땅에 내동댕이치곤 저만치 달아나서 히힝 히히힝 코웃음을 치며 웃는 당나귀란 놈밖엔 없을 테니까

李聖善
이성선의 시「산양」을 읽고

산양이 산다는 설악산
산양 같은 시인이
이름 속에 성스런 羊 한 마리,
착하디착한 羊 한 마리를
키우고 살았다는 설악산
살아서는 미처 만나뵙지 못하고
무슨 놈의 눈이 이렇게나 오나
이렇게나 퍼붓나
저녁 연기 올라오는 내가평까지
발목이 푹푹 빠지는 내설악
산길을 내려오며 뒤돌아보면
거기, 당신의 뼈를 뿌렸다는
백담 계곡 너머
눈터럭 올올 흩날리는
봉우리에 초승달이
산양뿔처럼 뾰족이 돋아나고 있다

제4부

방어진 해녀

방어진 몽돌밭에 앉아
술안주로 멍게를 청했더니
파도가 어루만진 몽돌처럼 둥실둥실한 아낙 하나
바다를 향해 손나팔을 분다
(멍기 있나, 멍기―)
한여름 원두막에서 참외밭을 향해 소리라도 치듯
갯내음 물씬한 사투리가
휘둥그래진 시선을 끌고 물능선을 넘어가는데
저렇게 소리만 치면 멍게가 스스로 알아듣고
찾아오기라도 한다는 말인가
하마터면 실성한 여잔가 했더니
파도소리 그저 심드렁
갈매기 울음도 다만 무덤덤
그 사투리 저 혼자 자맥질하다 잠잠해진 바다
속에서 무엇인가 불쑥 솟구쳐올랐다
하아, 하아― 파도를 끌고
손 흔들며 숨차게 헤엄쳐 나오는 해녀,
내 놀란 눈엔 글쎄 물속에서 방금 나온 그 해녀

실팍한 엉덩이며 볼록한 가슴이 갓 따올린
멍게로 보이더니
아니 멍기로만 보이더니
한잔 술에 미친 척 나도 문득 즉석에서
멍기 있나, 멍기— 수평선 너머를 향해
가슴에 멍이 든 이름 하나 소리쳐 불러보고 싶었다

물새 발자국 따라가다

모래밭 위에 무수한 화살표들,
앞으로 걸어간 것 같은데
끝없이 뒤쪽을 향하여 있다

저물어가는 해와 함께 앞으로
앞으로 드센 바람 속을
뒷걸음질치며 나아가는 힘, 저 힘으로

새들은 날개를 펴는가
제 몸의 시윗줄을 끌어당겨
가뜬히 지상으로 떠오르는가

따라가던 물새 발자국
끊어진 곳 쯤에서 우둑하니 파도에 잠긴다

바다를 질주하는 폐타이어

바다에 와서야 비로소 이제껏 헛돌았다는 것을 안다

튜브 속에 거북한 바람을 품지 않고
고무 타는 냄새 없이도
질주할 수 있다니

목선 양 겨드랑에 줄줄이 매달려 있는 폐타이어,
지상에서 밀려난 게 외려 다행스럽다

하지만 여럿을 다치게 했던 기억을 뿌리치지 못하고
파도 속을 자맥질한다

소금기에 절고 삭아서 어느새 둥그래진 상처,
닳고닳은 몸이 너덜너덜해지도록
제 몸 깊이 충격을 받아들인다

서해는 사막을 기른다

파도에 밀려온 모래가 깔깔하게 햇빛에 마르면
바람이 신두리까지 곧장 실어다 나른다
신두리에서 바람이 더 나아가지 않고 쉬는 이유는
잘 알 수가 없다 다만 태안반도 한쪽에선
듬성듬성 초목들이 자라는 것이고
근육질의 뿌리들이 어깨를 겯고 촘촘하게
모래들을 움켜쥐고 있는 것이다

목말라서 목마름 속으로
목마름을 씻으러 맹렬하게
사막 속으로 뻗어들어가는 서해
제 불모를 앙버티는 자들
뽑으려 들면 완강하게 저항하는 풀들
그 푸르른 근력이 당차게 모래바람을 끄집어당긴다
끄집어당긴 서해, 격렬비열도를 지나온
파도가 기필코 태안에 닿는 이유이다

새들은 모래주머니를 품고 난다

난다는 것은 목구멍이 쓰라린 일이다.
쓰라림을 참고, 목구멍에 굳은살 박이는 일이다.

새들은 날기 위해, 날 수 있는
적정체중을 유지하기 위해
제 이빨을 모두 뽑아버린 자들이 아닐까.

새들은 시합을 앞둔 복서처럼
모래주머니를 달고 다닌다.
이빨 대신 먹이를 잘게 부수면서
채워놓아야 하는 모래주머니를 아주
몸속에 집어넣고 다닌다.

아무도 떼갈 수 없게끔, 실은
고비고비마다 흔들리는 자신을 더 경계하며,

우리는 더러 모래 씹듯 밥을 삼키지만
새들은 매 끼니마다 모래를 삼키고 있는 것이다.

폭포

벚꽃이 진다 피어나자마자
태어난 세상이 절벽이라는 것을
단번에 깨달아버린 자들, 가지마다 층층
눈 질끈 감고 뛰어내린다
안에서 바깥으로 화르르
자신을 무너뜨리는 나무,
자신을 무너뜨린 뒤에야
절벽을 하얗게 쓰다듬으며 떨어져내리는
저 소리없는 폭포

벚꽃나무 아래 들어
귀가 얼얼하도록 매를 맞는다
폭포수 아래 득음을 꿈꾸던 옛 가객처럼
머리를 짜개버릴 듯 쏟아져내리는
꽃의 낙차에 시퍼렇게 멍이 들어서

술통

부숴버린 술통조각을 무쇠난로 통속에 던져준다
안주일절 벽에 금이 가기 시작한 청산옥
과묵했던 마개를 딸 때면 팡 하고 들려오던 탄성과
찰, 찰, 찰, 거침없이 흘러나와 감겨들던
순금의 혀는 다 어디로 갔는지
한평생 술이 익어가던 배는 그를 끌어안고 산
사내들의 위장처럼 속이 헐고 구멍이 났다
복수라도 찬 듯 발효되지 못한 시간의 쉰 냄새만을
풍기고 있다
노을빛으로 물들어 딱딱하게 굳어버린 사내들의 가슴과
어깨를 부드럽게 어루만져주면서
그가 가진 향기와 빛깔을 남김없이 내어주며 늙어가
던 술통
난로 속에서 남은 힘을 다해 타오른다
뼛속까지 스며 있는 알코올 기운이 아직 남아 있다는 듯
불콰하게 되살아나는 불, 술통조각을 던져줄 때마다
취해서 휘청휘청 일렁이는 불, 빛이 늙고 지친
여자의 맨얼굴을 발그스름하게 물들여주고 있는 한때

범일동 블루스

1

 방문을 담벼락으로 삼고 산다. 애 패는 소리나 코고는 소리, 지지고 볶는 싸움질 소리가 기묘한 실내악을 이루며 새어나오기도 한다. 헝겊 하나로 간신히 중요한 데만 대충 가리고 있는 사람 같다. 새시문과 새시문을 잇대어 난 골목길. 하청의 하청을 받은 가내수공업과 들여놓지 못한 세간들이 맨살을 드러내고, 간밤의 이불들이 걸어나와 이를 잡듯 눅눅한 습기를 톡, 톡, 터뜨리고 있다. 지난밤의 한숨과 근심까지를 끄집어내 까실까실하게 말려주고 있다.

2

 간혹 구질구질한 방안을 정원으로 알고 꽃이 피면 골목길에 퍼뜩 내다놓을 줄도 안다. 삶이 막다른 골목길 아닌 적이 어디 있었던가, 자랑삼아 화분을 내다놓고 이웃사촌한 햇살과 바람을 불러오기도 한다. 입심 좋은 그 햇살과 바람, 집집마다 소문을 퍼뜨리며 돌아다니느라 시끌벅적한 골목길.

3

저물녘 코가 깨지고 뒤축이 닳을 대로 닳아서 돌아오는 신발들, 비좁은 집에 들지 못하고 밖에서 노독을 푼다. 그 신발만 세어봐도 어느 집에 누가 아직 돌아오지 않았는지, 어느 집에 자고 가는 손님이 들었고, 그 집 아들은 또 어디에서 쑥스런 잠을 청하고 있는지 빤히 알아맞힐 수 있다. 비라도 내리면 자다가도 신발을 들이느라 새시문 여는 소리가 줄줄이 이어진다. 자다 깬 집들은 낮은 처마 아래 빗발을 치고 숨소리를 낮춘 채 부스럭거린다. 그 은근한 소리, 눈치껏 가려주고 가는 한밤의 빗소리.

4

  마당 한평 현관 하나 없이 맨몸으로 길을 만든 집들. 그 집들 부끄러울까봐 유난히 좁다란 골목길. 방문을 담벼락으로 삼았으니, 여기서 벽은 누구나 쉽게 열고 닫을 수 있다 할까, 나는 감히 말할 수가 없다. 다만 한바탕 울고 난 뒤엔 다시 힘이 솟듯, 상다리 성치 않은 밥상 위엔 뜨건 된장국이 오를 것이고, 새새끼들처럼 종알대는 아이들의 노랫소리 또한 끊임없이 장단을 맞춰 흘러나올 것이다. 유난히 부끄럼이 많은 너의 집 젖꼭지처럼 오똑한 초인종을 누르러 가는 나의 시간도 변함없이 구불구불하게 이어질 것이다.

곡비

  눈이 많이 내린 한겨울이면 새들에게 모이를 줘서 아들 내외에게 자주 잔소리를 듣던 함평쌀집 할머니

  세상 버리던 날 새들은 오지 않았다 밥 달라고, 밥 달라고, 아침 일찍부터 찾아와 양철문을 바지런히 쪼아대던 새들

  등쌀에 이놈의 장사도 집어치워야겠다, 그 아드님 허구헌 날 술만 푸고 있더니

  쌀집 앞 평상마루에 앉아 소주잔을 기울이며 들려준다 장지의 소나무 위에서 울던 새울음 소리가 어째 영 낯설지만은 않더라고

  울 어매가 주는 마지막 모이를 받으러 왔나 싶어 고수레 고수레 한 상 걸게 차려주었더니, 구성진 곡비 소리 해종일 끊이질 않더라고

버드나무 강변에서의 악수

버드나무 아래 아이들이 도마뱀을 쫓는다
모래톱에 꼬리만 댕강 잘라놓고
버드나무 썩은 둥치 속으로 사라진
도마뱀은 좀체 고개를 내밀지 않고
초등학교 가족 동반 동창횟날
한쪽에선 빌려온 노래방 기계에 술판이 한창인데
악수를 나눌 때면 늘 가슴이 먼저 아려오던 친구가
돌 갓 지난 아기를 보듬고 온다
의자공장 잔업을 하다 그만 변을 당했어
덕분에 4급 장애인 혜택을 다 받게 되었지 뭐냐
만나고 헤어질 때면, 잡아줄 수 없고
흔들어줄 수 없는 손가락 셋을 흔들며 쓸쓸히 멀어져 가던 친구
나는 친구가 제 손 대신 내민
아기의 손가락 다섯을 두 손에 감싸쥔다
그러는 나를 친구는 봄햇살보다 더 환하게 바라보고
버드나무 둥치 속으로 사라진 도마뱀 꼬리처럼
내 딱딱하게 굳은 손아귀 속에 들어와 꼼지락거리는

마디마디
 지친 아이들이 잘려나간 도마뱀 꼬리를
 모래흙 속에 묻어주고 있는 게 보인다
 모래톱날에 드문드문 잘려나간 물줄기는
 땅속으로 숨었다가 멀리서 다시 고개를 내밀고
 지난 겨울 뭉툭하게 쳐냈던 버드나무
 연초록 가지들도 새로 막 흐드러지고 있는 강변

삼월
인호에게

1

 소식 없던 친구들에게서 전화가 온다 목련이 피었느냐, 벚꽃은 아직 멀었느냐, 진달래 꽃망울은 얼마나 더 도톰해졌느냐, 대개 내 안부보단 꽃의 안부가 더 궁금하다는 투다 남쪽에 산다는 이유 때문일까 그 이유 하나만으로 꽃의 대변인 꽃의 수행비서가 된 기분은

 삼월이 되니 감감 무소식 친구들에게 용기를 내어 나도 더러 전화를 걸어볼까 영 서먹서먹하면 꽃기별 앞세워 오늘은 봄비가 내렸다, 초록초록 내리는 빗소리를 향해 하루종일 창문을 열어놓고 있었다, 그 바람에 에취 고뿔이 들어서 기침을 하면서 피어나는 들꽃, 꽃들은 없었던가 삼월이 되니 꽃이 자꾸만 전화기를 들었다 놓게 한다 남쪽에 산다는 그 이유 하나만은 아닌 것이

2

 내게서 꽃이 지니 네게는 꽃이 피었구나 어여 가라, 어여 가라, 등을 떠밀어보낸 꽃이 네게로 서둘러 북상했구나 징검돌처럼 박힌 너와 나, 사이의 아득함을 생각는 하루 허리를 시큰하게 휘감고 도는 그 아득함을 건너간 꽃들의 여린 뒤꿈치가 다 보이는 하루

 北邙까지 가기는 갈까 먼저 떠난 친구라도 찾아서, 그 친구 앞에 놓을 한 묶음이라도 되어서, 네게서도 꽃이 지고 나면 너는 또 무슨 힘이 남아 그 등을 떠밀어보낼지

十月, 내 몸속엔 열 개의 달이 뜬다

 한 잎이 지니 또 한 잎이 따라 지는구나 상수리 옆엔 굴참, 굴참 옆엔 떡갈, 나무들 낙하의 모습은 살아온 저마다의 생만치나 다르다 하겠지만, 먼저 떨어진 그 한 잎 곁에 가만히 누워 내림단조, 내림단조, 바스락거리는 생각들로 몸 뒤척이는 밤길을 걷는다 무언가 생각난다는 듯이, 아니 생각나지 않는다는 듯이, 불을 켰다가 다시 끄는 집들을 뒤로

 ××까지 120km 지워진 이정표 화살표 위에 앉아 어깻숨 몰아쉬며 쉬고 있는 기러기, 발엔 달빛이 걸렸는가 마른 홑청처럼 까실해진 밤 명주실 꼬아늘인 달빛은 기럭기럭 잘 조율된 가야금줄처럼은 울고 있는가 아무래도 이 밤의 혈관 속엔 좀처럼 길들여지지 않는 고양이의 피가 흐르고 있는 모양이다 十月, 내 몸속엔 열 개의 달이 뜨고, 열 개의 달을 품고 뒤척이는 해변엔 지워지다 만 몇몇의 발자국이 보이고

 가닥가닥 거칠어진 숨을 고르며 나는 다시 달이 뜨고

지는 리듬을 따라간다 욕심껏 들이마신 공기가 어둔 몸
속을 두루 돌아다니는 대로, 빠르지도, 느리지도 않게,
그렇게 다만 달이 뜨고 지는 리듬에 맞춰, 전보를 품고
섬으로 가는 밤 뱃고동 소리와 돌아갈 일을 잊어버리고
벼랑 끝에 주저앉아 수척해진 길 옆에 나란히 앉아

  영화의 속편 같은, 지루한 그 속편의 속편 같은, 이
생은 왜 좀더 생생한 것이 되지 못하는 건지…… 나는
간신히 시월에서 십일월로 붉어져가는 잎사귀, 여린 귀
에 대고 뭐라고, 뭐라고 속삭이는 바람소리를 듣는다
자신의 가장 깊은 곳으로 떨어져서 반짝이는 모래 한
알과, 모래 한 알이 부화하기까지, 부화하여 지상을 박
차고 떠오르기까지, 늙은 지구로부터 유전하는 내 오래
된 불면증 속에서

페치카 공사

 첫눈을 몰고 오는 바람 속에서 페치카 공사를 한다. 찰흙을 개고 짚을 뿌리고 잘 이긴 반죽 위에 켜켜이 벽돌을 올린다. 지그시 벽돌이 흙을 누르고 흙이 모른 척 벽돌을 물듯, 한때는 내게도 그렇게 한사코 떨어질 줄 모르던 살가운 사랑이 있었을까. 눈보라 치는 한 시절 살아가는 일이 더러는 식은 재 속에서 불씨 하나 더듬는 여윈 마음만 같구나. 깨어진 벽돌은 다친 구석끼리 이를 맞춘다. 틈틈이 가스라도 샐까 몰라 조바심하는 시간, 흙이 마르려면 족히 사나흘은 걸릴 텐데⋯⋯ 그러고 보면 마지막 공정은 늘 기다림인 셈이다. 지난날 성급하게 달아오른 부젓가락으로 불을 땐 뒤 구석구석 금이 가고 금을 비집고 나온 매운 연기에 몹시 고단해하진 않았던지. 더 늦기 전에 눈보라가 꺾어둔 땔나무 가지라도 한짐 장만해둬야겠다. 불땀을 돋우기 위하여 어쩌면 헛가지 위에 매달린 나뭇잎, 간신히 겨울을 나는 내 그리움도 몇 줌 던져주어야 할 테니. 이 산중에도 사람이 사는구나, 모락모락 피어오르는 인기척을 찾아 몸을 녹이러 오는 바람과 별과 불씨 하나 품고 불의 시를 지펴갈 긴긴 겨울밤을 위하여.

통도사 빗소리

탁구공 튀는 소리다
스님들도 목탁대신
탁구를 칠 때가 다 있네
절집 처마 아래 앉아 비를 긋는 동안
함께 온 귀머거리 여자는
영문을 모른 채 그저 숫저운
미소만, 미소만 보이는데
通度라면 인도까지 갈까
저 빗소리, 내 한번도 가본 적이 없는
그 머나먼 서역까지 이를까
흙이 아프지 말라고,
흙의 연한 살이 다치지 말라고
여자는 처마 아래 조약돌을 가지런히
깔아주고 있는데, 그
위에서 마구
튀어오르는 빗방울,
저 빗방울
하늘과 땅이 주고받아 치는 탁구공 소리다

월내역

 달 속에서 파도가 일렁인다. 동해남부선이 가끔씩 철로보다 더 가늘고 긴 여운을 남기며 지나가는 간이역. 지상에서 발톱을 다친 물새들이 하늘을 날고 있다. 역사 가까운 초등학교 쪽에선 풍금소리가 새어나오고, 풍금소리에 맞춰 개망초 달개비 참나리 고만고만한 꽃들이 하교길에 한눈을 팔며 놀고 있다. 돌담 위에선 고양이 수염처럼 빳빳한 햇살 아래 청어가 마른다. 선로보수 작업중 잠시 머무는 동안, 잠시 머물며 줄담배를 피우는 동안, 나는 생두부 한 모에 잔소주를 파는 민짜집을 생각하고, 낮게 수그린 처마와 처마가 이마를 맞대고 틈틈이 손을 꺼내어 더운 음식을 주고받는 창문들을 생각한다. 고압선이 지직지직 달 속으로 들어간다. 어부의 집에서 나온 가느다란 길 하나가 낚싯줄처럼 팽팽하게 바다를 당긴다. 바다가 먼저 신호처럼 집어등을 밝히면 응답처럼 집들도 따라 연연히 불을 켜고 둥근 불빛들이 내밀하게 속삭이며 살을 섞는 바다. 밤이면 누군가 배를 띄우리라, 지쳐나는 뭇새들이라도 쉬어가라, 수평선 위에 흐르는 불빛 하나를 내다 걸리라, 그런

믿음은 모두 저 바다 때문이다. 항아리 속에 가득 차 출렁이는 바다 때문이다. 그래, 그 속으로 들어갈 수 없는 기차도 지금은 달의 인력을 어쩌지 못하고 저렇게 푸른 바다를 막막하게 바라보고 있는 것인가. 바다가 들려주는 소리에 속절없이 귀를 맡기고 있는 것인가. 달 속에서 풍금소리가 잦아든다. 물새들이 느려터진 기차를 따라오다 멀어져간다. 달빛 두 줄기만 남았다.

해설

내성의 깊이와 사물의 친화력

임홍배

 손택수 시인의 시를 읽다 보면 내가 있는 줄도 모르고 살아가는 분주한 나날의 소음을 고스란히 흡인하는 어떤 힘이 느껴진다. 그렇다고 그의 시가 일상의 초탈을 꿈꾸고 있다는 것은 아니다. 소란스런 삶의 저편에서 이쪽을 바라보는 자의 평정심이란 "나를 무심코 집어삼킨 세상"에서 "제것이 아닌 몸뚱이를 키우며 살아온"(「옻닭」) 피붙이 이웃들과 나 자신의 삶을 외면하고 그 기억마저 저버릴 때나 가능할 것이다. 시인이라고 해서 제것 아닌 몸뚱이끼리 부대끼며 돌아가는 세상의 구속에서 자유로울 리 없다. 오히려 그런 구속을 온몸으로 감당하는 데서 삶에 충실한 시가 나오게 마련이다. 손택수의 시에는 그런 의미에서 시가 탄생하는 순간 전신에 체감되는 긴장이 생생하게 살아 있다. 가령 시집 첫머리에 실려 있는 다음 시에서 그러한 시적 긴장의 연원을 짚어볼 수 있다.

언뜻 내민 촉들은 바깥을 향해
기세 좋게 뻗어가고 있는 것 같지만
실은 제 살을 관통하여, 자신을 명중시키기 위해
일사불란하게 모여들고 있는 가지들

자신의 몸 속에 과녁을 갖고 산다
살아갈수록 중심으로부터 점점 더
멀어지는 동심원, 나이테를 품고 산다
가장 먼 목표물은 언제나 내 안에 있었으니

어디로도 날아가지 못하는, 시윗줄처럼
팽팽하게 당겨진 산길 위에서
—「화살나무」 전문

  바깥을 향해 뻗어가는 원심의 운동은 모든 생명체를 살아 있게 만들고 그 살아 있음을 확인시켜주는 근원적인 동력이다. 그런데 시의 행간에 숨어 있는 세상살이의 실상을 들춰보면 일체의 산것들이 저마다 자기 영토를 주장하는 아귀다툼 역시 동일한 원심력에 말미암는다. 자신의 존재를 확증하려는 그 어떤 외향적 관심도 그러한 원심의 운동에서 놓여날 수 없는 것이다. 손택수의 시를 받치는 팽팽한 시적 긴장은 지구의 중력까지도 뚫고 올라오는 그러한 원심력의 기세를 몸으로 받아내면서 치열한 내성(內

省)의 계기로 반전시키는 시적 통찰에 힘입은 것으로 보인다. 생명의 모태인 대지의 인력을 벗어난다는 것은 지상에서 영위되는 삶의 시작이 곧 생명의 근원에 대한 망각임을 말해준다. 그러므로 망각된 시원을 향해 역류하는 시적 사유는 삶의 관성으로 굳어진 망각의 더께를 걷어내고 삶의 근본을 상기하려는 탐색에 바쳐질 것이다. 앞의 시에 포착된 근본적인 사태는, 나를 자신의 바깥으로 밀어내는 원심의 운동과 끝없이 멀어지는 과녁으로 표상되는 자기성찰이 생명의 본원적인 운동에서는 더욱 근원적인 '동시성'으로 구현된다는 것이다. 생명의 고양과 성숙이 서로 길항하는 힘들의 동시적 작용에 연유한다는 이 깨달음은 그렇지만 인간사에서 언제나 뒤늦게 오게 마련이다. 거친 세월의 풍상을 겪어낸 나무의 성장을 지켜보며 나 역시 "나이테를 품고 산다"고 마음이 놓이다가도 문득 나를 돌이켜보면 "가장 먼 목표물은 언제나 내 안에 있었으니" 하는 순간의 틈새로 신음 섞인 탄식이 새어나오는 것이다. 삶에 집착하는 의지와 삶의 끈을 놓아버린 의식까지도 모두 넘어선 탄식이다. 산다는 일이 워낙 그렇지 않은가. 시인의 발길은 시정을 떠나 인적 끊긴 산길을 따라 서성이지만, 그 걸음에 보조를 맞추지 못하는 마음의 한쪽 끝은 화살나무 가지 끝에 걸려서 팽팽히 당겨질 뿐이다. 이 세상 무엇으로도 가누지 못하는 수척한 몸을 훌쩍 실어보낼 비상을 꿈꿀수록 삶을 옥죄는 긴장이 커지는 것도 그 때문이다.

앞에서 언급한 시를 포함하여 이 시집에 수록되어 있는 대다수의 시는 독자를 선(禪)의 분위기로 끌어들인다. 그렇지만 정작 시인의 마음은 자신의 중심을 겨냥한 화살 끝에 매달려서 그 긴장의 자장 안에서 움직일 뿐, 결코 함부로 입선(入禪)의 문턱을 넘어섰다고 말하지 않는다. 온전히 나 자신에 이르는 길과 세상을 껴안는 일이 생성과 소멸을 주재하는 시간의 불가항력에 의해 개체마다 다르게 발현하되 결코 그 근본이 분리되어 있지는 않다는 것을 감득한 까닭이다. 한 편의 시 전체가 세태의 인용 내지 패러디로 엮여 있는 표제작 「호랑이 발자국」은 그렇게 보면 손택수 시의 본령에서 멀리 떨어져 있는 유일한 예외에 속하며, 다른 모든 시들은 자연사물에 의탁하든 삶의 단면을 노래하든 미세한 마음의 움직임을 몸으로 걸러내어 정제된 투명함을 보여준다. 그런 뜻에서 시인의 눈에 들어오는 사물들은 어느 것 하나 삶의 진경을 함축하지 않은 것이 없다. 마치 파우스트가 폭포수의 물보라 알갱이 속에서 삶의 다채로운 영상을 예감하듯, "가슴 깊이 가시를 물고 떨고" 있는 탱자나무의 "가시 끝에 맺힌 물방울들"에서 시인은 "살속을 파고든 비수를 품고/둥그래진다는 것, 그건/욱신거리는 상처를 머금고 사는 일"이요 "상처 속으로 들어가 한몸이 되는 일"(「탱자나무 울타리 속의 설법」)임을 직관하는 것이다. 그런가 하면 "피어나자마자/태어난 세상이 절벽이라는 것을/단번에 깨달아버린" 벚꽃의 낙화를 보며 자신의 소멸을 통해서야 비로소 생명을 보듬는 자연의 이치가 곧 가파른 세상을 지탱해주는 삶의 이치와 통해 있음을 깨닫기도 한다.

> 안에서 바깥으로 화르르
> 자신을 무너뜨리는 나무,
> 자신을 무너뜨린 뒤에야
> 절벽을 하얗게 쓰다듬으며 떨어져내리는
> 저 소리없는 폭포
>
> 벚꽃나무 아래 들어
> 귀가 얼얼하도록 매를 맞는다
>
> ―「폭포」 부분

이렇듯 손택수의 시에 등장하는 모든 사물은 모름지기 시적 창조가 사물의 동의를 얻지 못하면 아무것도 아니라는 고전적 명제를 거듭 확인시켜준다. 시인의 마음과 사물의 물성이 하나가 되는 이 근원적 공감의 영역에서 자연사물은 바깥의 자극에만 길들여져 흐린 눈에는 띄지도 않다가 부지불식간에 세상을 품을 만큼 헤아릴 수 없이 큰 것이 되기도 하는 것이다. 예컨대 정에 쪼여서 종으로 완성되는 순간부터는 '버버리 종'이 되고 마는 돌종의 침묵에 응축된 울림이 그러하다(「돌종」). 언젠가 도종환 시인이 신경림의 시를 일컬어 정경교융(情景交融)의 경지라 한 것과 같은 맥락에서 손택수의 시는 끊임없이 생멸하는 모든 개체가 죽은 돌덩이에도 영성을 부여하는 본연의 친화력에 의해 통일되어 있음을 보여준다.

숨겨져 있는 자연법칙의 드러냄이야말로 생명의 탄생에 맞먹는 시적 창조의 아름다움이라면 그것은 세상살이의 이치에도 똑같이 해당될 것이다. 손택수의 시에서 보잘것없는 사물에 대한 지극한 보살핌은 자신도 모르는 사이에 그의 몸 속에 유전된 고단한 삶의 기억들을 자신의 운명으로 포용하는 사랑에서 우러나온 것이다. 자신이 살아온 내력에 대해서는 무척 말을 아끼는 그의 시에 간혹 등장하는 가족사의 사연들은 그의 삶에 얹혀진 운명의 중압을 짐작케 한다. 평생 일만 하는 채식동물로 살다가 죽어서도 "살가죽만 남아 북이 된 소의/울음소리"에는 못난 지아비의 구박을 감내하며 살아온 어머니의 울음소리가 겹쳐서 들린다.

> 노름꾼 아버지의 발길질 아래
> 피할 생각도 없이 주저앉아 울던
> 어머니가 그랬다
> 병든 사내를 버리지 못하고
> 버드나무처럼 쥐어뜯긴
> 머리를 풀어헤치고 흐느끼던 울음에도
> 저런 청승맞은 가락이 실려 있었다
> ─「소가죽북」부분

그런 아버지는 단 한번도 아들을 목욕탕에 데리고 가지 않았다고 한다. 돈이 무서워 목욕탕도 가지 않는다고 아버지를 비난하던 아들이 "등짝에 살이 시커멓게 죽은 지게자국"을 본 것은 아버지가 쓰러져 병원에 실려간 뒤의 일이다.

> 그렇게 밀어드리고 싶었지만, 부끄러워서 차마
> 자식에게도 보여줄 수 없었던 등
> 해 지면 달 지고, 달 지면 해를 지고 걸어온 길 끝
> 적막하디적막한 등짝에 낙인처럼 찍혀 지워지지 않는 지게자국
> 아버지는 병원 욕실에 업혀 들어와서야 비로소
> 자식의 소원 하나를 들어주신 것이었다
> ―「아버지의 등을 밀며」 부분

육신의 기력이 다하도록 밤을 낮 삼아 지겟짐을 져나르며 자식을 키운 아버지가 아들에게만은 등짝의 지게자국을 보여주고 싶지 않았던 회한이 그런 아버지의 발길질 아래 주저앉아 울던 어머니의 흐느낌과 무엇이 다르겠는가. 누구에게도 전가할 수 없는 하나의 운명을 한몸으로 겪고 있을 따름이다. 너나 없이 "햇빛에 돌돌 말려 몸속의 수액이 빨려 올라가는 소리를 가만히 듣고 있는, 듣고 있어야 하는, 붉은 거미의 줄에 걸린"(「붉은 거미」) 참혹한

생인 것이다. 아버지는 쓰러져서야 자식의 소원을 들어주었지만, 가장의 짐을 이어받은 아들이 가난한 시인이 되었다는 것은 아마도 지게자국을 감추고 싶었던 아버지의 바람에 부응하는 선택은 아닐 것이다. 잡지에 실린 자신의 시의 활자 위로 아버지의 지문이 어른거리는 것은(「지장」) 당신이 돌아가시고 다 쓰러져가는 살림을 떠맡고 나서도 여전히 불효자로 남아 있는 시인의 가슴속 깊은 곳에도 이십년 전의 아버지를 절망케 했던 회한이 응어리져 있기 때문일 것이다. 그렇지만 예나 지금이나 냉혹한 생존의 철칙이 지배하기는 마찬가지인 삭막한 세상에서 이 가난한 시인은 "눈보라 치는 한 시절 살아가는 일이 더러는 식은 재 속에서 불씨 하나 더듬는 여윈 마음만"(「페치카 공사」) 같다는 것을 알아채는 마음의 풍요를 얻었으니 자식된 도리로는 못 이룬 고인의 소망에 당신의 기대 이상으로 응답한 셈이다. 스무살 시절 흑백사진 속의 아버지와 늙어서 기울어가는 느티나무를 나란히 견주면서, 시인은 아버지의 생이 멈춘 길 끝에서 시작되는 자신의 삶에서 나를 낳고 키운 세상에 무엇을 되돌려주어야 할지를 헤아려본다.

언젠가 구겨진 선처럼 내 몸에도 깊은 주름이 패이면, 돌아갈 수 있을까 저 생생한 한 그루 아래로, 돌아가신 당신을 쏙 빼닮았다는 등허리를 아름드리 둥치에 지긋이 기대어볼 수가 있을까//(…)//어쩌면 흑백의 저 푸른 느티나무 아래서 부를 노래 하나를 장만하기 위하여 나의 남은 생은 온전히 바쳐져도 좋을는지 모른다//(…)//한줌의 뼈를 뿌려주기 위해, 좀더 멀리 보내주기 위해, 제 몸에 돋은 이파리를 쳐서 바람을 불러일으켜주는 한 그루, 바람을 몰고 잠든 가지들을 깨우며 생살 돋듯 살아나는 노래의 그늘 아래서
—「아버지와 느티나무」부분

삶에 지친 영혼들을 온전히 받아주기 위해 기울어간 나무의 풍성한 그늘처럼 시인은 "생살 돋듯 살아나는 노래의 그늘"로 버거운 삶에 고통받는 자들에게 위안이 되고자 한다. 그의 시에서 얻어질 위안이 예컨대 나와는 무관한 타인의 운명에 대한 한낱 동정심의 시혜와는 전혀 다른 차원에서 진정한 사랑으로 베풀어질 것임을 우리는 그의 첫 시집에서 이미 예감할 수 있다. 시인의 핏줄 속에 흘러든 숙명의 고독과 그 고독을 강요한 궁핍한 삶의 기억을 차분히 되짚어가면서 일순간 고통을 축성으로 변용시키는 그의 순결한 시심은, 필경 소멸에 바쳐질 불가역의 시간을 거슬러서 어둠속에 갇혀 있던 과거를 되불러내는 고투가 곧 밝은 미래를 만들어가는 진정한 사랑의 기다림과 다르지 않다는 것을 생래적으로 터득한 자만의 것이기 때문이다. 아마도 사랑이 자신의 삶에서 주어진 몫에 헌신하면서 타인을 위해 하나의 세계를 일구어가는 숭고한 계기라면 그것은 동시에 스스로에 대한 엄중한 다짐

이자 자기를 보다 넓은 곳으로 불러내는 그 무엇이다. 손택수의 시에서 나와 사물, 나와 타인, 그리고 나와 세계는 그렇게 맞물려 있다. 그렇기에 연륜과 더불어 장차 그의 시에 주름살이 하나씩 늘어나고 깊어진다면 그것은 사랑의 기다림이 무르익어간다는 징표로 보아도 좋을 것이다. 그의 시가 삶에 충실하다는 것은 그런 뜻에서 서로 떨어져 있는 것처럼 보이는 과거와 미래가 실은 현재를 살아가는 자세의 다른 모습임을 언제나 의식하기 때문이다. "미래를 갈무리하기 위하여 / 과거의 영혼을 간직할지니"라고 설파했던 어느 시인의 말처럼 손택수의 시는 기원으로의 회귀가 곧 미래를 불러오는 일임을 의식하는 긴장을 늦추지 않는다. 평생토록 원망만 심어준 아버지와 사후의 화해에 도달한 시인이 다시 바닷가 벼랑에서 뚝 끊어진 외길을 거닐며 "늙은 지구로부터 유전하는 내 오래된 불면증"에 시달리고 있는 것도(「十月, 내 몸속엔 열 개의 달이 뜬다」) 그런 사정에 연유한다. 저를 키운 어미집을 알뜰하게 먹어치우고 제 몸속에 집을 짓는 애벌레를 부러워하면서 나의 집이 "어쩐지 벗어놓은 허물처럼 헐렁하다"고 느낄 만큼(「집」) 시인의 처소는 여전히 그의 집안에 선뜻 발을 들여놓기 힘든 고독에 잠겨 있거니와, 그의 삶에 각인된 숱한 기억들 가운데 아직도 아버지의 낙인처럼 쉽사리 지워지거나 극복될 수 없는 마디마디가 엉켜 있기 때문일 것이다. 그것은 저마다 그러한 낙인을 숨기고 살아갈 타인의 삶을 감히 쉽게 넘보지 못하는 이유이기도 하다. 집

집이 방문을 한집의 벽처럼 맞대고 사는 달동네의 막다른 골목에서 걸음을 멈춘 시인의 머뭇거림이 그러하다.

> 마당 한평 현관 하나 없이 맨몸으로 길을 만든 집들. 그 집들 부끄러울까봐 유난히 좁다란 골목길. 방문을 담벼락으로 삼았으니, 여기서 벽은 누구나 쉽게 열고 닫을 수 있다 할까, 나는 감히 말할 수가 없다.
> ―「범일동 블루스」 부분

그러나 바로 다음 순간 시인의 마음이 아연 설레임과 동시에 이내 달뜨기 쉬운 마음을 추스리는 경위에 대해서는 구구한 설명이 필요 없을 것이다.

다만 한바탕 울고 난 뒤엔 다시 힘이 솟듯, 상다리 성치 않은 밥상 위엔 뜨건 된장국이 오를 것이고, 새새끼들처럼 종알대는 아이들의 노랫소리 또한 끊임없이 장단을 맞춰 흘러나올 것이다. 유난히 부끄럼이 많은 너의 집 젖꼭지처럼 오똑한 초인종을 누르러 가는 나의 시간도 변함없이 구불구불하게 이어질 것이다.

시인의 발길이 거쳐온 더 많은 곳들을 이리저리 건너뛰면서 이 막다른 골목까지 동행하고 보니, 정작 나는 부산에 산다는 손택수 시인의 얼굴도 모른다. 시집을 덮고 묻고 싶은 얘기들이 많지만, 시인 손택수에겐 사랑의 기다림은 언제나 시련의 연속이니 첫시집 이후로도 그 결실은 시간의 역사를 견뎌낸 끝에 시인의 의지 밖에서 찾아온다는 것을 부디 잊지 마시길 당부하고 싶다.

시인의 말

집이 거울이었다. 꾀병을 앓으면서 해종일 깨진 거울 조각을 맞추며 놀다가, 모래알만한 거울조각에 아야 살을 찔리고 만 것 같다. 살집 속을 파고든 거울로 나는 무엇을 비춰보고 싶었을까. 들끓는 그리움으로 호호 입김을 불어가며 써본 말들은 하나같이 덧없는 것이었다. 그러나 그 덧없음을 나는 또 얼마나 사랑하였던지, 거울 속으로 조용히 사라져가는 말들이 엉켜 남겨놓은 물방울을 얼마나 닮고 싶었던 것인지. 자잘하게 글썽이는 물방울 속에 잠겨 회전하는 하늘과 땅 그리고 가녀린 뭇 생명들의 꿈. 이제 살집 속에 박힌 거울조각을 파내고 들여다보니, 불만으로 잔뜩 찡그린 얼굴만 보인다. 부끄럽다. 그렇게 고대하던 첫시집을 묶는 심정이 이렇게 쓰디쓸 줄이야. 그래도 나는 시의 힘을 믿는다. 내게 그랬던 것처럼 그 보잘것없는 한 조각이나마 어디 눈에 띄지 않는 곳에 잘 숨어 있다가 무심코 지나가는 이의 굳은살을 한번쯤 찔러주길, 거울조각 주위의 어둠을 갑작스럽게 위험한 활기 속으로 몰아가주길 감히 바라보는 것이다. 시가 있는 곳은 언제나 환부였으니, 환부의 즐거움으로 환하게 욱신거리고 있었으니. 내 이름자 한가운데 집을 지어주신 강쟁리 할아버지와 할머니 두 분을 추억하며.

                    2002년 12월 부산에서
                            손택수

창비시선 222

호랑이 발자국

초판 1쇄 발행/2003년 1월 17일
초판 19쇄 발행/2024년 1월 3일

지은이/손택수
펴낸이/염종선
편집/고형렬 강일우 김정혜 문경미
펴낸곳/(주)창비
등록/1986년 8월 5일 제85호
주소/10881 경기도 파주시 회동길 184
전화/031-955-3333
팩시밀리/영업 031-955-3399 편집 031-955-3400
홈페이지/www.changbi.com
전자우편/lit@changbi.com

ⓒ 손택수 2003
ISBN 978-89-364-2222-6 03810

* 이 책은 한국문화예술진흥원의 '문예진흥기금'을 받았습니다.
* 이 책 내용의 전부 또는 일부를 재사용하려면
  반드시 저작권자와 창비 양측의 동의를 받아야 합니다.
* 책값은 뒤표지에 표시되어 있습니다.